Für

....

Von

....

Gute Dinge brauchen Zeit

In der Ruhe liegt die Kraft

Es gibt Wichtigeres
im Leben, als beständig
dessen Geschwindigkeit
zu erhöhen.

Mahatma Gandhi

ENTSCHLEUNIGUNG

Dann und wann
das Tempo verlangsamen,
anhalten,
ruhig wahrnehmen, was um uns ist,
was uns schützt, bedroht, erfreut,
fordert, fördert;
uns neu einstellen und ausrichten.

Dann und wann
das Tempo verlangsamen,
anhalten,
sich hinsetzen und setzen lassen,
was sich in uns bewegt.

Dann und wann
das Tempo verlangsamen,
anhalten,
aus unserer Tiefe Bilder aufsteigen lassen,
dankbar sein und sehen,
was sie uns zeigen wollen,
wohin sie uns weisen.
Innehalten

Max Feigenwinter

*Einfach mal
die Welt
anhalten*

ALLES HAT SEINE ZEIT

Ein jegliches hat seine Zeit,
und alles Vorhaben unter dem Himmel
hat seine Stunde:
Geboren werden hat seine Zeit,
sterben hat seine Zeit;
pflanzen hat seine Zeit,
ausreißen, was gepflanzt ist, hat seine Zeit;
töten hat seine Zeit, heilen hat seine Zeit;
abbrechen hat seine Zeit, bauen hat seine Zeit;
weinen hat seine Zeit, lachen hat seine Zeit;
klagen hat seine Zeit, tanzen hat seine Zeit;
Steine wegwerfen hat seine Zeit,
Steine sammeln hat seine Zeit;
herzen hat seine Zeit, aufhören zu herzen
hat seine Zeit;
suchen hat seine Zeit, verlieren hat seine Zeit;
behalten hat seine Zeit, wegwerfen hat seine Zeit;
zerreißen hat seine Zeit, zunähen hat seine Zeit;
schweigen hat seine Zeit, reden hat seine Zeit;
lieben hat seine Zeit, hassen hat seine Zeit;
Streit hat seine Zeit, Friede hat seine Zeit.

Bibel (Altes Testament, Prediger 3, 1-8)

BLÜTENGRUND

Warum blühn im Mai die Bäume,
farbenfroh, als ob man träume?
Weil vorm großen Farberwachen
wochenlang sie gar nichts machen,

weil sie nicht durch Drehn und Wenden
sinnlos Energie verschwenden
und sich, statt sich wild zu regen,
einfach nicht vom Fleck bewegen,

weil sie wurzeln statt zu rennen,
sich und ihren Standort kennen
und in allen Lebenslagen
grade in den Himmel ragen.

Jörn Heller

wurzeln
statt rennen

MEHR STILLE

Manchmal braucht es diesen Moment, in dem alles
kurz zum Erliegen kommt. Innehält, still wird. Man
nennt das: Das Glück der Lücke. Es meint die Pause
zwischen zwei Sätzen, den Wechsel von Ebbe und
Flut, die Entscheidung zwischen Stehenbleiben und
Weitergehen. Manchmal braucht es diesen Moment,
diese Stille, diese Lücke, um zu verstehen, zumindest
ein wenig: Das bin ich und das ist mein Leben.

Hanna Buiting

verschlafen, verplanen, vertrödeln,
vertreiben, vermiesen, verlieren
und vergessen.
Wir können die Zeit
genießen, verträumen, einteilen,
ausfüllen, verschönern, nutzen
und verschenken.
Wir können die Zeit nicht
verlängern, verkürzen, zurückholen
und festhalten.
Sie vergeht.

Anne Steinwart

Prioritäten setzen

ZEIT SPAREN?

„Guten Tag", sagte der kleine Prinz.
„Guten Tag", sagte der Händler.
Er handelte mit höchst wirksamen, durststillenden
Pillen. Man schluckt jede Woche eine und spürt
überhaupt kein Bedürfnis mehr, zu trinken.
„Warum verkaufst du das?", sagte der kleine Prinz.
„Das ist eine große Zeitersparnis", sagte der Händler.
„Die Sachverständigen haben Berechnungen
angestellt. Man erspart dreiundfünfzig Minuten
in der Woche."
„Und was macht man mit diesen dreiundfünfzig
Minuten?"
„Man macht damit, was man will …"
„Wenn ich dreiundfünfzig Minuten übrig hätte",
sagte der kleine Prinz, „würde ich ganz gemächlich
zu einem Brunnen laufen …"

Antoine de Saint-Exupéry, Der kleine Prinz

ÖFTER!

Öfter mal: faul sein
und nicht funktionieren,
sich sinnlos und zweckfrei
im Trödeln verlieren!

Einfach mal: warten,
was so passiert,
wenn man im Liegen
die Decke fixiert!

Öfter mal: still sein
im großen Geschwätz,
keinem verpflichtet
und ohne Gesetz!

Nur einfach mal: da sein,
dankbar und froh,
und wissen, die Erde,
sie dreht sich auch so!

Jörn Heller

PAUSEN

Nimm die Pausen
wie sie kommen
musst du warten
lass dich sonnen
von geschenkter
stiller Zeit
schließ die Augen
mach dich weit

Nimm die Pausen
auch die kleinen
steige aus
lass dich bescheinen
von des Raums
Unendlichkeit
atme tiefer
mach dich weit

Nimm die Pausen
zum Verweilen
nichts ist wichtig
nichts muss eilen
wenn du etwas
hast – dann Zeit
komm zu dir
mach dich weit

Doris Bewernitz

Eine Pause
muss sein

ZEITLUPENTAG

Heute wird mein Zeitlupentag.
Ich tue alles
ganz langsam,
achte auf jeden Atemzug,
genieße jede Bewegung.
Wie viel Glück liegt
schon in einer einzigen Stunde
ohne Eile.

Maria Sassin

WENIGER IST MEHR

Weniger tun,
weniger sagen,
Raum schaffen,
mir Zeit schenken,
sein,
einfach sein,
damit werden kann,
was angelegt ist.

Max Feigenwinter

ZEIT FÜR DICH

Gönn dir selber Zeit
Gönn dir die Zeit, um zu träumen
Es ist der Weg zu den Sternen
Gönn dir die Zeit, um nachzudenken
Es ist die Quelle der Kraft
Gönn dir die Zeit zum Spielen
Es ist das Geheimnis der Jugend
Gönn dir die Zeit, um freundlich zu sein
Es ist das Tor zum Glück
Gönn dir die Zeit der Fröhlichkeit
Es ist die Musik für die Seele
Und verzichte nie auf deine Sehnsucht
Sie hält dich
auf dem Weg zu den Sternen

Verfasser unbekannt

Geschenke

WENN DU ES EILIG HAST, GEHE LANGSAM

Ein Bauer zog seinen Handkarren zur nächsten Stadt, um sein Gemüse auf dem Markt anzupreisen. Unterdessen hörte er, wie sich schnell Hufgeräusche näherten. Eine edle Kutsche hielt neben ihm an.

Der Kutscher hatte es sehr eilig und rief: „Sag schnell – wie weit ist es noch bis zur nächsten Stadt?"

Der Bauer antwortete: „Wenn Ihr langsam fahrt, dauert es wohl eine halbe Stunde. Fahrt Ihr jedoch schnell weiter, so dauert es drei Stunden, mein Herr."

„Du Narr!", schimpfte ihn der Kutscher und trieb die Pferde zu einem noch schnelleren Galopp an, und die Kutsche entschwand aus des Bauern Blick.

Der Bauer ging gemächlich seines Weges auf der staubigen Straße, die viele Schlaglöcher hatte. Nach etwa einer Stunde sah er nach einer Kurve eine Kutsche im Graben liegen. Die Vorderachse war gebrochen, und der Kutscher von vorhin war fluchend dabei, die Kutsche wieder instand zu setzen.

Der Kutscher bedachte den Bauern mit einem bösen und vorwurfsvollen Blick, worauf dieser nur sagte: „Ich sagte Euch doch: Wenn Ihr langsam fahrt, dauert die Fahrt eine halbe Stunde …"

Gisela Rieger (nach einer Geschichte)

RUHIG SEIN

Ausruhen – wenn alles rast
Zeit nehmen – wenn du keine hast
Entspannen – mitten im Chaos
Sich Muße schenken – im Wahnsinnsflug
Satttrinken – in der Wüste
Lächeln – aus freiem Herzen
Frohlocken – inmitten der Not
Vertrauen – auf ein Versprechen
Wissen – alles wird gut.

Maria Sassin

In der Ruhe
liegt die Kraft

EIN GELUNGENER TAG

Windtrunken
sonnensatt

ein leichtes Prickeln
auf der Haut

ein sanftes Lächeln
im Herzen –

Den Tag genutzt
mit Nichtstun

Barbara Reik

Alle guten Dinge
haben etwas Lässiges
und liegen wie Kühe
auf der Wiese.

Friedrich Nietzsche

ZEITLOS

durch nichtstun
das zeitlose segnen
den moment verlangsamen
einüben
der langen weile kunst
den sandstrahl anhalten
einzeln verkosten
jedes korn in der hand

Frank Fischer

EWIGKEIT FÜHLEN

Sieh eine Welt in einem Körnchen Sand
und einen Himmel in der wilden Blume,
greif das Unendliche mit deiner Hand
und fühle Ewigkeit in einer Stunde.

William Blake

LEBENSKUNST

Es gibt drei
Große Geheimnisse
Sagte der Zauberer
Die dich heilen
und mit allem
Versöhnen

Ausatmen
Einatmen
Und die Pause dazwischen

Doris Bewernitz

Geheimnis
des Lebens

BESTANDSAUFNAHME

ich brauche zeit
um zu mir zu kommen
um durchzuatmen
um mich meinem erleben zu stellen
um meine situation zu klären
um bestandsaufnahme zu machen
um meine verluste zu betrauern
um das hilfreiche zu entdecken
um neuen mut zu finden
um wieder lebendigkeit zu spüren
um kraft zu sammeln
für den nächsten schritt

Beate Schlumberger

Auch die Pause
gehört zur Musik.

Stefan Zweig

AUS DER ZEIT TRETEN

Aus der Zeit treten –
sich vorstellen können,
es gäbe kein Unglück,
keine Ängste,
keine Gefahren –
nur Frühling,
blühendes Leben,
sonnenglänzende Landschaften,
blaugläserner Himmel
grenzenlos,
ohne jedes Weh'.

Aus der Zeit treten –
in jenen Winkel deines Herzens,
von dem niemand etwas weiß,
nur dir gehörend.
Ein Ort jenseits der Realität,
wo Träume wachsen,
nichts unmöglich ist,
die Vernunft keinen Zugang hat
und Augenblicke endlos sind.

Aus der Zeit treten –
um Kraft zu schöpfen,
an Wunder zu glauben
und loslassen zu können.

Gudrun Martin

Man sollte von Zeit zu Zeit von sich zurücktreten,
wie ein Maler von seinem Bilde.

Christian Morgenstern

Die Perspektive verändern

WAS MACHT DIE ZEIT MIT UNS?

Macht sie uns mutig?
Macht sie uns schlau?
Macht sie uns weise?
Macht sie uns leise?

Macht sie uns menschlich?
Alle miteinander?
Bringt sie uns näher?
Verschafft sie uns Raum?

Macht sie bescheiden?
Weniger groß?
Lässt sie uns wachsen?
Nicht nur nach oben?

Bringt sie Bewegung?
Ohne Hast?
Macht sie gelassen?
Ohne Angst?

Gibt sie Antwort?
Warum wir sind?
Schenkt sie Erkenntnis?
In allen Bereichen?

Macht sie kreativ?
Ohne Scham?
Macht sie uns besser?
Ohne zu übertreiben?

Brauchen wir Rücksicht?
Oder Respekt?
Geht es um Abstand?
Oder Anstand?

Was macht diese Zeit mit uns?

Gibt sie uns einen Schirm
oder lehrt sie uns im Regen tanzen?

Jutta Kounovsky

ERMUTIGUNG

Unternimm
hin und wieder
einen Ausflug
in die
nichtbeschleunigte Welt:
• Schaue den Wolken zu
• Rieche an einer Blume
• Spüre die raue Haut eines Baumes
• Streiche mit deinen Händen über Moos
• Gehe eine Weile barfuß
• Höre den Vögeln zu
• Bade in einem frischen See
• Gönne deinen Gedanken einen Spaziergang
• Atme durch

Thomas Knodel

Riechst du den Duft?

KONTEMPLATION

Still sollst du werden,

so still, dass du deinen Herzschlag
nicht mehr von dem der Rose,
des Käfers und der Sonne
unterscheiden kannst,
und dir ist,

als ginge Gott träumend
in deiner Seele spazieren.

Cornelia Elke Schray

Man verschlafe ruhig
die Hälfte seines Lebens.
Glück ist eine Frage
des Ausgeschlafenseins.

Carl Ludwig Schleich

IMMER MIT DER RUHE

Versuch dir für das Aufstehen
so viel Zeit zu nehmen wie die Sonne.

Betrachte möglichst ohne Eile
den Weg einer Schnecke im taunassen Gras.

Nimm dir die Katze als Vorbild,
sie schnurrt sich dir völlig zeitbefreit entgegen.

Feiere das Näherkommen eines Regenschauers,
um die Tropfen andächtig zu empfangen.

Sieh dir die Erdbeere an, ehe du sie isst,
schon deine Augen finden in ihr Glück.

Öffne die Hände für ein Stück Brot,
genieße es in der Zeitlupe des Himmels.

Versuche immer mit der Ruhe zu leben,
fühle den Dank deiner Seele dafür.

Cornelia Elke Schray

VOR LAUTER HEKTIK

Die meisten jagen so sehr dem Genusse
nach, dass sie an ihm vorbeilaufen.

Søren Kierkegaard

SLOW FOOD

Als der Meister von einer Reise zurückkehrte, berichtete er von einem Ereignis, das er für ein Gleichnis des Lebens hielt. Während eines kurzen Aufenthaltes ging er zu einem einladend aussehenden Essensstand, an dem köstliche Suppen, heißer Curry und alle möglichen verlockenden Speisen angeboten wurden. Er bestellte eine Suppe.

„Gehören Sie zu dem Bus?", fragte die Bedienung freundlich. Der Meister nickte.

„Es gibt keine Suppe."

„Dann nehme ich Heißen Curry mit gedämpftem Reis", sagte der Meister leicht irritiert. „Nein, wenn Sie zum Bus gehören, können Sie belegte Brote haben. Ich habe den ganzen Morgen damit verbracht, diese Speisen zuzubereiten, und Sie haben kaum zehn Minuten Zeit zum Essen. Ich möchte Sie kein Gericht verzehren lassen, für das Sie nicht die Zeit haben, es in Ruhe zu genießen."

Anthony de Mello

SEELE BRAUCHT ZEIT

Und überhaupt
braucht unsere Seele
Ruhepausen
Zeit zum Innehalten
damit sie mit uns
Schritt halten kann

Gabriela Paydl

Entschleunigen

SO VIEL LEBEN

So viele Farben hat deine Welt.
Siehst du sie?
So viele Klänge hat deine Welt.
Hörst du sie?
So viele Düfte hat deine Welt.
Nimmst du sie wahr?
So viele Menschen hat deine Welt.
Sprichst du sie?
So viel Liebe hat deine Welt.
Fühlst du sie?
So viel Leben hat deine Welt.
Lebst du es?

Monica Lockowandt

So viele Farben

DER MOMENT

Ich habe nichts als
die Nacht aus
100 x 100 Nebellichtjahren

Ich habe nichts als
die Stunde aus
60 x 60 Sekunden

Ich habe nichts als den Moment

Der Moment ist meine Schöpfung
die Brücke von meinem
Staubgeist zum Sterngeist
Der Moment ist mein Flügel
zum Flügel des nächsten Moments

Ich habe nichts als den Flügel
Ich habe nichts als die Schöpfung
Ich habe nichts als den Moment

Rose Ausländer

ZEITZONEN

Lass der Vergangenheit
die Erinnerungen

der Zukunft
die Überraschungen

der Gegenwart
die Lebendigkeit

Marion Schmickler-Weber

Alles hat seine Zeit

FLIESSEN

Auch morgen
gibt es ein Morgen –

und ein Danach
danach.

Andreas Noga

Verschiebe nicht auf morgen,
was genauso gut auf übermorgen
verschoben werden kann.

Mark Twain

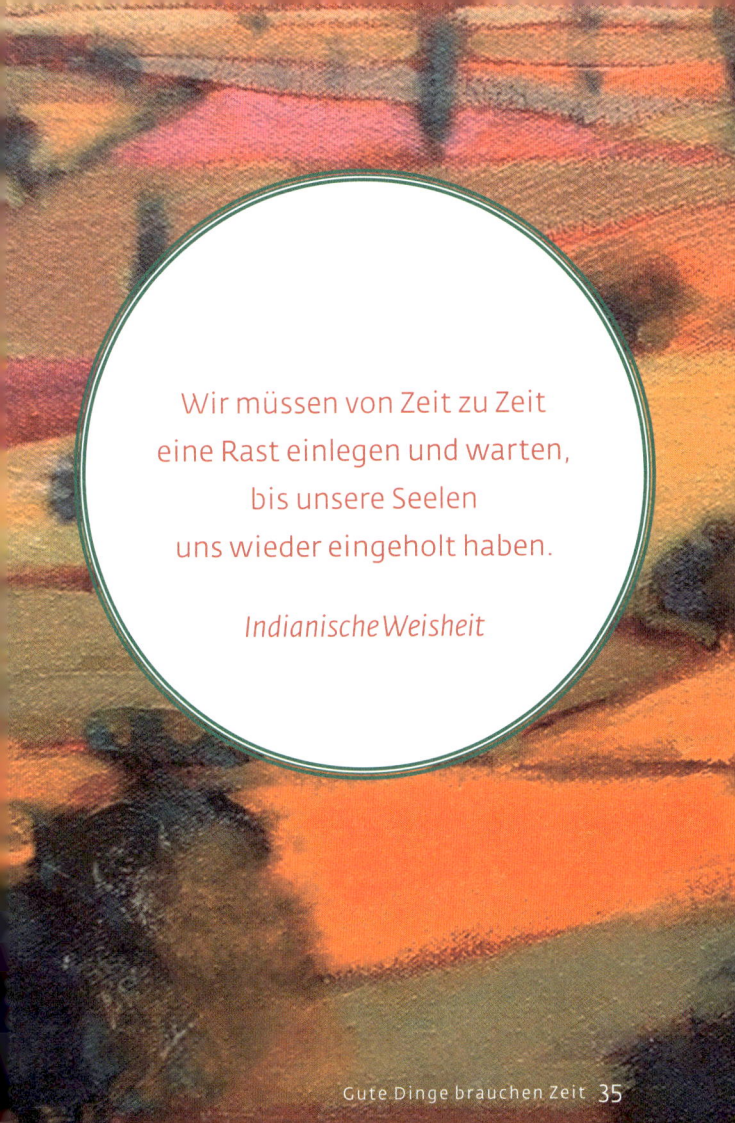

Wir müssen von Zeit zu Zeit
eine Rast einlegen und warten,
bis unsere Seelen
uns wieder eingeholt haben.

Indianische Weisheit

ZEITMANAGEMENT

Endlich erkannt, dass alle wichtigen Dinge im Leben lange brauchen. Je wichtiger, desto länger. Folglich müsste ich, um in wichtigen Dingen voranzukommen, nichts weiter tun, als jeglichen Zeitaufwand für unwichtige Dinge zu streichen.

Doris Bewernitz

INNEHALTEN

Innehalten.
Still werden.
In sich gehen.
Spüren, was noch trägt.
Neu entscheiden.

Sabine Moosmann

JETZT

das Leise hören,
das Kleine sehen,
das Feine spüren,
das Nötige sagen.

Jetzt
einen Schritt wagen,
die Hand anbieten,
liebevoll fördern,
behutsam fordern.

Jetzt
wahrnehmen, was ist;
einsetzen, was ich kann,
dankbar sein,
Leben fördern.

Max Feigenwinter

Leben ist jetzt

JETZT IST JETZT

Nichts ist wirklich,
nichts außer dem Jetzt.
Und das Jetzt ist nicht etwa
die Fortsetzung der Vergangenheit.
Und auch nicht die Tür zur Zukunft.
Jetzt ist: irgendwo ankommen,
ohne gleich daran zu denken,
wann du wieder wirst gehen müssen.
Jetzt ist: offen sein für alles, was geschieht.
Jetzt ist jetzt.

Werner Sprenger

Die Welt gehört dem,
der sie genießt

Giacomo Leopardi

Taktgeber

Die Zeit gibt
den Rhythmus vor,
doch es liegt an uns,
welche Melodie
sie spielt.

Marion Schmickler—Weber

www.verlag-am-eschbach.de

Textredaktion: Ilka Osenberg-van Vugt, Verlag am Eschbach
Gestaltung und Satz: Angelika Kraut, Verlag am Eschbach
Kalligrafie: Ulli Wunsch, Wehr
Druck: PNB Print Ltd, Silakrogs
Hergestellt in Lettland
ISBN 978-3-98700-075-1

Gedruckt auf FSC®-zertifizierten Materialien
Näheres zur Nachhaltigkeitsstrategie der Verlagsgruppe Patmos
auf unserer Website www.verlagsgruppe-patmos.de/nachhaltig-gut-leben

 Dieser Baum steht für Erhaltung unserer natürlichen Lebens-
grundlagen: klimaneutrale Produktion, umweltschonende
Ressourcenverwendung und nachhaltige Herstellung.
Individuell und mit Liebe gemacht.

Textnachweis:
Rose Ausländer: S. 32 Der Moment, aus: dies., Gesammelte Werke / Die Sichel mäht die Zeit zu Heu, hg. v. Helmut Braun, © S. Fischer Verlag, Frankfurt am Main. **Doris Bewernitz**: S. 10, 17, 36 © bei der Autorin. **Bibel**: S. 4 Alles hat seine Zeit, aus: Lutherbibel, revidiert 2017, © 2016 Deutsche Bibelgesellschaft, Stuttgart. **Hanna Buiting**: S. 6 © bei der Autorin. **Max Feigenwinter**: S. 3, 11, 37 aus: ders., Jeder Tag ist dir geschenkt. Dankbar leben, © 2023 Verlag am Eschbach. **Frank Fischer**: S. 16 © beim Autor. **Jörn Heller**: S. 5, 9, aus: ders., Ab heute: gut drauf! Gedichte zum Losleben, © 2024 Verlag am Eschbach. **Thomas Knodel**: S. 24 © beim Autor. **Jutta Kounovsky**: S. 22f © bei der Autorin. **Monica Lockowandt**: S. 31 © bei der Autorin. **Gudrun Martin**: S. 20f © bei der Autorin. **Sabine Moosmann**: S. 36 © bei der Autorin. **Andreas Noga**: S. 34 © beim Autor. **Gabriela Paydl**: S. 30 © bei der Autorin. **Barbara Reik**: S. 15 © bei der Autorin. **Gisela Rieger**: S. 13, aus: dies., Sinn-volle Geschichten 3, Ziel Verlag, © Gisela Rieger. **Antoine de Saint-Exupéry**: S. 8 Zeit sparen, aus: ders., Der kleine Prinz (Le Petit Prince, 1942), dt. von Grete und Josef Leitgeb, Deutsche Übersetzung der Texte © 1950 und 2021 Karl Rauch Verlag, Düsseldorf. **Maria Sassin**: S. 11, 14 © bei der Autorin. **Beate Schlumberger**: S. 18 © bei der Autorin. **Marion Schmickler-Weber**: S. 33, 39 © bei der Autorin. **Cornelia Elke Schray**: S. 25, 27 © bei der Autorin. **Werner Sprenger**: S. 38 Jetzt ist jetzt, aus: ders., Hauch das Thermometer an, wenn du frierst, Nie-Nie-Sagen-Verlag 1996, © Helga Sprenger. **Anne Steinwart**: S. 7 © bei der Autorin.

Trotz sorgfältiger Recherche war es uns leider nicht in allen Fällen möglich, die jeweiligen Rechteinhaber ausfindig zu machen. Für Hinweise sind wir dankbar.

Zum Künstler:
Das Bild *Italien* (Acryl auf Karton), mit dem dieses Buch ausgestattet ist, stammt von dem britischen Künstler **Paul Powis** (geb. 1949). Typisch für ihn sind farbenfrohe Landschaften mit einigen ausdrucksstarken Akzenten wie z. B. Bäumen, die er gern in den frühen Morgenstunden oder spät am Nachmittag zu Papier bringt. Denn dann steht die Sonne tiefer am Himmel und verursacht lange Schatten, die seine Farbwelten strukturieren und plastische Tiefe verleihen.
Seine Bilder machten Paul Powis auch international bekannt und hängen in Sammlungen, Museen und Galerien in Europa, USA und Japan. Weltweite Anerkennung erhielt Powis für sein Werk, das in einer Werbekampagne für Volkswagen Verwendung fand und heute im Museum of Modern Illustration in New York ausgestellt ist. Auch in Restaurants, auf Grußkarten, Kalendern und Buchcovern sind seine Bilder vertreten.